KB052677

도산 안창호 말꽃모음

도산 안창호 말꽃모음

2023년 5월 31일 초판 1쇄 펴냄

글 안창호
엮음 김은숙 이주영
펴낸곳 도서출판 단비
펴낸이 김준연
편집 김정민
등록 2003년 3월 24일(제2012-000149호)
주소 경기도 고양시 일산서구 고양대로 724-17, 304동 2503호(일산동, 산들마을)
전화 02-322-0268
팩스 02-322-0271
전자우편 rainwelcome@hanmail.net
ISBN 979-11-6350-071-1 03300

* 이 책의 내용 일부를 재사용하려면 저작권자와 도서출판 단비의 동의가 반드시 필요합니다.
* 책값은 뒤표지에 있습니다.

도산 안창호 말꽃모음

안창호 글

김은숙 이주영 엮음 — 조성두 감수

머리글

도산 안창호!!!

우리 근현대사에서 너무나 큰 발자취를 남기신 분입니다. 일본제국주의 침략에 맞서 온 힘을 다하신 독립운동가, 민주교육을 일궈내신 교육자, 미국에서 공립협회를 세우고 흥사단을 비롯한 시민단체를 조직하고 운영한 지도자였습니다. 무엇보다 가장 큰 업적은 1919년 3·1혁명으로 태어난 대한민국이라는 민주공화국 기틀을 세우신 것입니다. 곧 대한민국 발원지를 마련한 국부라고 할 수 있습니다.

저는 고등학교 2학년 때 흥사단 금요강좌에 참여하면서 도산을 만났고, 춘천교육대학교 1학년 때 흥사단 대학생 조직인 춘천교대 아카데미(기러기)를 결성해 초대 회장을 맡아서 회원들과 함께 교육사상을 공부했습니다. 그 공부는 30년 교직 생활에 많은 도움이 되었습니다.

김은숙 선생하고 같이 도산이 남긴 자료와 책을 살펴서 말꽃에 알맞은 문장을 골랐습니다. 그 다음에 요즘 청소년들도 읽기 쉽게 풀이하거나 다듬고, 숨을 고려하면서 연과 행을 나누었습니다.

현 흥사단 이사장이신 조성두 선생한테 감수를 부탁드렸는데, 바쁘신 가운데서도 흔쾌히 봐 주셨습니다. 조성두 선생은 우리가 고른 말꽃을 『안도산 전서』와 꼼꼼하게 견주어 살펴보면서 바로잡아 주셨고, 재분류까지 지도해 주셨습니다. 덕분에 더 깊이 공부할 수 있었습니다. 이 자리를 빌어 고개 숙여 깊이 감사드립니다.

제 삶에 빛이 되었던 스승님들에게 조금이라도 보답하는 마음으로 말꽃 만들기를 시작한 지 10년이 되었습니다. 이오덕(2014) 김구(2016) 신채호(2017) 방정환(2018) 한용운(2021) 말꽃을 만들었습니다. 그때마다 자칫 너무 과하게 풀거나 다듬어서 본 뜻을 훼손할까 조심스러웠습니다. 읽으시다가 이건 이렇게 다듬는 게 더 좋겠다는 의견이 있으시면 언제든 알려주시기 바랍니다. 잘 살펴서 다음 판을 찍을 때 반영하도록 하겠습니다.

제 청소년기 3대 스승으로 마음에 모셨던 도산 선생님 말꽃을 처음 시작할 때가 7년 전이었는데, 다듬고 다듬느라 이제야 내놓습니다. 도산 선생님 뜻을 제대로 살리지 못한 것이 있을까 조심스럽지만, 그래도 이 작은 책을 통해 한 명이라도 더 도산을 만나기를 바랍니다. 그 험난한 시대에도 고결하고 원대하고 장엄한 삶을 살아내신 도산의 참모습을 보고 배우는 데 작은 도움이라도 될 수 있기를 간절히 기원합니다. 대한민국 미래와 동북아 평화, 지구촌 민주주의 발전을 위해서.

대한민국 105년, 서기 2023년 5월 15일
세종대왕 탄신 626주년 스승의 날을 맞아
이주영 씀

1

통일 정부를 만듭시다

1 안창호가 죽겠습니다

안창호가 죽어서

한국이 통일된다면 죽겠습니다.

2 영광스러운 정부로 만들어야겠습니다

세계가 지금은

우리를 주목하여

러시아보다, 중국보다

나은 민족으로 보고 있습니다.

그러므로

우리가 무엇을 희생하더라도

여기 이 정부를

영광스러운 정부로 만들어야겠습니다.

3 우리 국민은 본래 통일된 민족입니다

우리 국민은 본래

통일된 민족입니다.

인종과 혈통으로 보아

순수한 통일 민족입니다.

혹시

다른 민족의 피가

섞인 일이 있다 하더라도

이제는 모두 다 하나가 되었습니다.

언어도 하나요

문자와 습관도 하나요

예의도 그러하고

정치적으로도 중앙 집권이었습니다.

4 임시정부는 서울에 세울
정부의 그림자입니다

임시정부는

공식 기관인 정신적 정부요

앞으로 서울에 세울 정부의 그림자입니다.

우리 정부는

혁명당의 본부요

이천만을 모두 당원으로 볼 것입니다.

5 최고의 기관으로 통일해야 합니다

독립운동이 일어나

우리나라

최고의 기관을 세우려 할 때

서로 교통이 불편하여

여러 도시에서 임시정부가 일어났으니

오늘날은

이를 통일해야겠습니다.

* 1919년 3.1독립선언 직후 국내에는 한성 임시정부, 중국 상해는 대한민국 임시
정부, 러시아 연해주는 대한국민의회 임시정부가 세워져 활동했음. 이 3개가 통
합되어 통일 임시정부를 수립해야만 우리 국민은 물론 외국인들도 믿을 수 있는
정부가 될 수 있다고 강조하신 말씀

6 따로따로 일하지 맙시다

오늘날은
따로따로 일하는 것보다
합하여 일하는 것이 좋습니다.

북간도에서도 따로 하고
서간도에서도 따로 하고
어디 어디서 따로따로 일하면
이는 우리가
스스로 무너지는 길을
선택하는 것입니다.

7 한성 정부를 승인합시다

상해에서 임시정부 발표와 동시에

한성에서도 임시정부가 발표되어

이승만 박사는

상해 국무총리인 동시에

한성 대통령을 겸하여

세상에 두 개의 정부가 존재한다고

의심하게 합니다.

우리 정부가 오직 하나임을

국내외에 알릴 중요한 일을 위해

상해 정부를 되살리고

한성의 정부를 승인함이 마땅할 것입니다.

8 통일운동 첫 방침은 중앙 집중입니다

만일 전 국민의 힘을
중앙으로 집중하는 도를 실행치 않고
각각 제가 영웅이라고
분파적 행동을 취하면
백 년을 가더라도
통일을 이룰 수 없을 것입니다.

그러므로
통일운동의 첫 방침이
중앙 집중인 것입니다.

⁹ 통일하려면 두 가지가 필요합니다

통일하는 방법 중에

가장 크게 필요한 것이

두 가지입니다.

하나는

전 민족적 통일 기관을

설치하는 것입니다.

그 설치한 중앙 최고기관에

전 국민의 정신과 마음과 힘을 집중하여

중앙의 세력을 확대케 해야 합니다.

두 번째는

사회의 공론(公論)을 세우는 것입니다.

그래서 큰 사람이나 작은 사람이나 어떠한 사람이든지

다 그 공론에 복종케 해야 합니다.

10 통일을 위해서는 복종이 필요합니다

통일의 최후요
또 최대한 요건은
복종입니다.

대한 민족이
통일한 후에야
자유도 있고
독립도 있습니다.

11 이제는 하나가 되어야 하겠습니다

우리 목적의 하나는

우리 대한 사람 스스로 한 뭉텅이가 되어

다른 사람이 독립을 승인해주기 전에

나라를 이룹시다.

우리가 원수 손 아래서

물질로는 나라를 이루지 못합니다.

그러나 정신상으로

나라를 이루기 위하여

임시정부를 세웠으니

이제는 마땅히

하나가 되어야 하겠습니다.

12 힘의 실현에는 통일이 으뜸입니다

힘의 실현은
어떻게 해야 합니까?
여러 가지 조건이 있지만
통일이 으뜸입니다.

즉 우리가 큰 힘을 얻으려면
전 국민의 통일을
부르짖어야 한다는 말입니다.

13 양쪽이 다 의심합니다

국민대표회의

찬성 측과 반대 측 양쪽 사람들이

내게 와서 말하기를

'당신 조심하시오. 양쪽이 다 의심합니다.'

하며 가만히 있으라고 합니다.

그 의심이 무엇인 줄 아십니까?

하나는

안창호가 국민대표회의를 열어

이승만을 몰아내고

자기가 대통령 되려는 계획이다.

다른 하나는

안창호가 국민대표회의를 열어

이승만 대통령을

강력히 옹호하려고 한다

입니다.

14 제 편 사람만 모일 이치가 없습니다

여러분은

국민대표회의를 여는

안창호 마음이 어떠한 것인가를

의심하거나 겁내지 마십시오.

국민대표회의란

옳은가? 그른가?

이익이 될까? 해가 될까?

만 생각하십시오.

왜냐?

국민대표회의는

이동휘 아들이나 딸만

모이지 않을 것이라는 말과 같이

안창호 뜻을 이루어줄 사람만

모일 이치가 없는 것입니다.

¹⁵ 국민대표회의를 축복하여야 합니다

대한의

피를 가진

대한 국민은

국민대표회의에 대하여

무책임한 이방인처럼

방관하거나 냉소하는 태도로

저주하는 말을 뱉지 말고

있는 성의를 다하여 축복하여야 합니다.

16 간절히 부탁하는 바는 이것입니다

내가

간절히 부탁하는 바는

이것입니다.

여러분은

힘을 기르소서!

힘을 기르소서!

¹⁷ 이동휘 명령에 따라야 합니다

우리 민족 전체가 합해도

오히려 외국의 힘까지 끌어 와야 하겠거늘

하물며 대한인끼리도 합하지 못하면

무슨 일이 되겠습니까?

만일 그대가 진실로

독립전쟁을 주장한다면

반드시 이동휘 명령에 따라야 합니다.

* 이동휘 : 대한제국 무관 출신으로 당시 만주와 연해주 무장 투쟁을 이끌었고,
대한민국 임시정부 국무총리를 맡아 일본에 선전포고하며 강력하게 독립전쟁을
주장함.

18 우리는 섬깁시다

세상에서 우리 정부를
신임하지 않는 이가 있더라도
우리 상하이에 있는 국민들은
우리 정부에 봉사합시다.

우리 정부는
왜놈의 정부만 못합니다.
그러나 우리는 섬길 필요가 있습니다.
정부에서 하는 일이 불만족하더라도
우리는 섬깁시다.

¹⁹ 국민대표회의 완성을 힘씁시다

우리가 외교를 후원하려거든

근본적으로 통일부터 합시다.

통일을 하려거든

국민대표회의 완성을 힘씁시다.

왜 국민대표회의를 아니 보고

개인의 색채만 보고 꺼려야 합니까?

개인을 보지 말고

국민대표회의 정신을 보십시오.

* 국민대표회의 : 국내외 지역 대표와 단체 대표들이 모여 정부 운영과 독립운동
실천 방법을 논의했던 회의로 도산 안창호가 임시의장을 맡음.

20 국민대표회의가
무엇보다도 우선되어야 합니다

만일

진심으로 합하지 아니하면

통일 방법과 이상을 아무리 말하더라도

통일은 실현될 수 없고

군사니 외교니 무엇이니 하고

독립운동 방침과

이상을 아무리 말하더라도

한갓 공상으로 돌아가고 말 것입니다.

그러므로

국민대표회의 자체가 순조롭게 되는 것이

무엇보다도 우선되어야 한다고 생각합니다.

21 조그만 감정은 모두 없애버립시다

작은 손으로 눈을 가리면

태산과 태양을 보지 못함과 같이

머리와 마음의 작은 감정은

대의명분을 잊게 하는 것입니다.

그러니 개인 간의

조그만 감정은 모두 없애버립시다.

우리끼리 싸움은 겁을 먹고

적과의 싸움에는 용감하십시오.

22 국민도 책임이 있습니다

지도자가

악한 사람이 되어서

단체나 나라를 망하게 하였다 할지라도

그 악한 일을 살피지 못하고

그대로 내버려 둔

일반 단원이나 국민도 책임을 면할 수 없습니다.

그러므로

이제부터 쓸데없이

어떤 개인을 원망하거나

시비하는 일은 그만둡시다.

23 책임지는 애국자는
그 계획을 행하는 자입니다

감정적 애국자는 나라를 위하여

때때로 눈물을 흘리며

가슴을 두드려 억울한 마음으로

우리 민족의 자유와 독립을 원하는 뜻을 표합니다.

그러나 책임지는 애국자는

참말 그 일을 꼭 이루길 결심하고

자나 깨나, 괴로우나 즐거우나,

성공하거나 실패하거나

그 책임심은 변하지 않고 진심으로

연구하고 계획을 세우며

그 계획을 꾸준히 밟아 행합니다.

24 먼저 통일이 되어야 합니다

남의 도움을

받기를 원하더라도

먼저 우리 스스로 통일하여

민족적 운동임을 알고

실현시켜야 할 것을 깨달읍시다.

25 통일해서 싸움에 나서야 이길 수 있습니다

우리는

군사 훈련이나 무기나

모든 것이 일본보다 못합니다.

그러나 우리는

그런 것을 생각할 것이 아닙니다.

우리가 다 합해도 부족한데

따로따로 나뉘면 어찌합니까?

피 흘려 싸우더라도

통일해서

싸움에 나서야

이길 수 있습니다.

26 주인이 되기 위해서는 합해야 합니다

여러분이 나누어지면

개인이 되어 주권을 상실하고

합하면 국민이 되어

주권을 누릴 수 있다는 사실입니다.

여러분은

합해야 명령을 하는 자가 되고

나뉘면 명령에 복종하는 자가 되는 것입니다.

²⁷ 위인의 마음으로 일해야 합니다

위인이란

별 물건이 아니요

위인의 마음으로

위인의 일을 하는 자가

위인입니다.

남이야 알거나 모르거나

욕을 듣고 압박을 받아가면서

자기의 금전과 지식

시간과 자기의 정열을 다 내놓고

우리 민족을 위하여 일하는 그들

곧 위인의 마음으로

위인의 일을 하는 자가

우리의 지도자가 되기에 넉넉합니다.

28 비방과 질투가 실패의 원인입니다

우리 대한 사람은

자기 동족 중에

좋은 일이 생기더라도

한 마디 말일망정 도우려 하지 않고

오히려 비방하고 질투하니

무슨 일이 될 수 있겠습니까?

과거와 현재에

우리 민족이 실패한 원인이 많겠지만

그중에 가장 큰 원인은

우리 민족 간에 서로 돕지는 않고

질투한 데 있는 것입니다.

29 교민들의 희생에 갚음이 있을 것입니다

독립운동이 시작된 이후

해외에 사는 우리 교민들이

가난한 가운데서도

독립운동을 위하여

많은 돈을 모아서 보내오고

생명을 희생하여 온 것은

매우 감사할 일입니다.

이 같은 일에

특별한 성과가 없다고

후회하지 마십시오.

이 결과로 어느 날에든지

갚음이 있을 줄 믿습니다.

30 끝까지 책임지기 위해서입니다

내가

총장이라는 이름을 버리고

총판이라는 이름을 택한 것은

정부 개조에 대한 책임을

가벼이 하기 위함이 아니라

끝까지 책임을 지기 위해서입니다.

* 안창호에게 내무부 총장을 맡기지 않고 그보다 낮은 노동국 총판을 맡긴 것에 대해 임시정부 청년들이 항의하자 이를 설득하기 위해 한 설명

** 개조(改造): 고쳐 만들거나 바꿈.

2

힘을 모아 끝까지 싸웁시다

31 3·1운동을 세계가 알게 되었습니다

과거 10년 동안

대한 민족은

이날 하루를 얻기 위하여

비상히 분투하였습니다.

일본은

우리가 이날 하루를

못 얻도록 하기 위해

분투하였습니다.

그러나 일본의 분투는 실패하였고

우리 분투는 성공하여

천만 대까지 기억할 이 날을

우리가 알게 되고

세계가 알게 될 것입니다.

* 과거 10년: 대한제국이 망한 1910년부터 3.1독립만세운동이 일어난 1919년까지 기간

³² 3월 1일, 우리는 기억해야 합니다

기필코

이날을 기억해야 합니다.

우리는

작년 3월 1일에 가졌던 정신을

변치 말고 잊지 말아야 합니다.

그날 우리는

의심도 시기도 없고

오직 서로 사랑하여

한 덩어리가 되었습니다.

33 3·1운동은 우리 동포의
애국심을 알려주었습니다

우리는 3·1운동이 시작된 후에

우리 동포의 결점도 많이 보았으나

그 장점도 많이 보았습니다.

우리 민족이 빠짐없이

죽음을 무릅쓰고 크게 일어나는 것을 보며

우리 동포의 기운이 어떠하며,

정신이 어떠하며,

애국심이 어떠한 것인지 잘 알겠습니다.

34 순전한 애국심만 있으면 근심이 없습니다

우리가

3월 1일에 독립 만세 부르던

그 순전한 애국심을

잊지 말자는 것입니다.

이 순전한 애국심만 있으면

다투나 싸우나

근심이 없을 것입니다.

* 순전(純全): 순수하고 완전한

35 그 마음은 하나입니다

우리의 큰 문제는

독립운동을

평화적으로 계속할 것인가

방침을 고쳐 전쟁할까

입니다.

평화 수단을 주장하는 사람이나

전쟁을 주장하는 사람이나

그 마음은 하나라는 걸

압니다.

36 독립을 위해 싸우는 것은 당연합니다

주전파는

남의 독립을 위하여서도 싸우거든

제가 제 나라 독립을 위하여 싸움은

당연한 일이 아니겠습니까.

우리는 승리와 실패를 떠나,

내 동포를 죽이고, 태우고, 욕함을 보고

죽을 결심을 하는 것은 당연한 일입니다.

우리는 의리로나 인정으로나

싸우지 않을 수 없다고 말합니다.

* 주전파: 독립을 위해 전쟁을 해야 한다고 주장하는 파를 말함.

37 가만히 앉아서 흘리는 피는 가치가 적습니다

우리 일은
매우 큰 것이므로
노력이 필요합니다.

우리 2천만이
다 같이 일해야만 되는 것입니다.

가만히 앉아서
독립될 줄 아십니까?
가만히 앉아서 흘리는 피는
가치가 적습니다.

38 공동체 정신을 길러야 합니다

서로 협동하는

공동체 정신을 길러야겠습니다.

어떤 이는 무슨 일을

저 혼자 하겠다는 생각을 가집니다.

그런 사람에게는

야심이라는 것이 생깁니다.

그 결과 하려는 일은 안되고

분쟁만 생깁니다.

39 옳은 편에 집중하시오

김 씨나 이 씨나

각각 자기주장을 세우고 싸울 때

국민 된 자는 냉정한 눈으로

그 싸움을 잘 살펴보아

김 씨가 옳으면 김 씨

이 씨가 옳으면 이 씨

그 어느 편이든지

옳은 편으로 따라서

옳은 편에 다수 의사가 집중하여

옳은 편 쪽으로 합하는 것이

공론을 세우는 것입니다.

⁴⁰ 사죄부터 해야 합니다

어떻게 하면

전 국민이 다 합할까.

타인의 뺨을 때린 뒤에

사죄도 아니하고

외교를 위하여 합하자 함은 모순입니다.

41 의논하며 일합시다

대한의 일을

잘난 몇 사람이

전제(專制)를 하자는 말입니까?

대한의 일은

대한 사람이 자유롭게 의논하며

일하는 것입니다.

---

* 전제(專制): 자신 생각을 고집하여 다른 사람들 의견을 듣지 않고 일을 결정
하는 것을 말함. 또는 나라의 일을 한 사람 혹은 몇몇 사람들이 마음대로 운영
하는 것

42 자유로운 의사와 교류가 필요합니다

내가

이동녕과 이시영 두 분과

저녁을 같이 먹는 것을 보면

얼굴을 찡그리며 말하기를

이동휘 씨를 따돌린다 하고

그와 반대로

내가 만일 이동휘 총리와 같이 먹으면

내무총장과 재무총장을 또 따돌린다고 합니다.

세상이 이러하니까

우리는 자연 조심하게 되어

자유로운

의사 발표나

교류하기를 꺼리게 됩니다.

43 방황하면 독립을 얻지 못합니다

미국이 독립할 때

만일 당시 미국 인민이

영국과 실력을 견주어 보고

방황하였다면

미국은 독립하지 못하였을 것입니다.

그러나 미국 인민은

'자유가 아니면 죽음'이라는

결심으로 혈전하여

마침내 독립을 얻었습니다.

우리도

방황하면 독립을 얻지 못하고

전진하면 독립을 얻을 것입니다.

국민대표자 모임이 필요합니다

통일을 이루기 위하여
중앙집권력과 공론을 세우는
두 가지 방법을 실행하기 위하여
'국민대표자'인 각 지방과 단체 대표자들이
한 번 크게 모일 필요가 있다고 생각합니다.

국민 다수의 의사를 공론이라 하는데
국민 다수 의사를 발전하게 하려면
각 방면의 대표가 모여야 됩니다.
공론을 세워야만 된다고 말하면서
공론을 세울 실제 모임이 없으면 소용이 없습니다.

각 방면의 의사가 한 곳으로 집중한 후에야
정신과 마음이 한 곳으로 집중될 것입니다.

45 색안경을 벗읍시다

어서

색안경을 다 벗읍시다.

진정한 애국심만 가지고

'나'란 것을 다 잊어버리고

나라만 위해 일합시다.

늙은이, 젊은이,

유식한 이, 무식한 이,

미주 교민, 상해 교민,

할 것 없이 다 같이 일합시다.

이 생각이 있어야 실로

방침도 쓸데가 있습니다.

만일 이런 생각이 없으면

천만 가지 방침이

다 쓸데없이 되는 것입니다.

46 독립할 자격이 있음을 보여야 합니다

우리가

먼저 해결해야 할 문제는

우리 자신이 자치할 능력과

독립할 자격이 있다는 증거를

내놓을 수 있어야만 합니다.

그렇지 않고서는

다른 아무것도 소용이 없습니다.

무엇이

자치할 능력과

독립할 자격이 있는

표준이 되겠습니까?

자기 일은

자기의 돈과

자기 지식으로 하는 사람

자기를

자기 법으로

다스리는 사람입니다.

⁴⁷ 공결복종을 실천해야 합니다

현재 우리 민족이

하나가 되지 못한 원인 중

가장 큰 것은

회합의 원칙인

공결복종(公決服從)을

이행치 아니함입니다.

* 공결복종: 공적으로 결정된 의견을 따르는 것

48 간절한 마음으로 흥사단을 발기하였습니다

죽는 날까지 다만 한두 사람을 만나고 말지라도.

이러한 간절한 마음으로 흥사단을 발기하였소.

지방적이라는 말을 내지 못하도록

각도에서 한 사람씩 위원을 뽑았소.

⁴⁹ 건전한 인격자와 신성한 단체가 필요합니다

우리에게 어찌 힘이 없는가?

힘을 낼 만한 그 사람과

힘을 낼 만한 단결이 없는 까닭입니다.

다시 말하면 도덕의 힘과

지식의 힘을 할 만한

건전한 인격자가 없고

위대한 사업을 진행할 만한

신성한 단체가 없는 까닭입니다.

50 신성한 단결을 이루자고 합시다

개인의 힘이 있기 위하여

건전한 인격을 지으며

각 개인이

독립하지 말고 협동하여

큰 힘을 발휘하기 위하여

신성한 단결을 이루자고 합시다.

51 대한을 위하여 일해야 합니다.

독일인은

독일을 위하여 일하고

영국인은

영국을 위하여 일하므로

제 받을 바를 받고

미국인은

미국인을 위하여 일하므로

제 것을 얻었으나

대한 사람은

오직,

대한을 위하여

일하지 않았으므로

오히려 갖고 있던 것을

잃었습니다.

이제

대한인도 당연히

대한을 위하여 일해야 합니다.

52 우리의 자유와 독립도 방황합니다

우리가
각자 판단할 것은
나도 방황하는 자가 아닌가?
하는 것입니다.

우리가 방황한다면
우리의 독립에 대하여
세계도 방황하고
일본도 방황하고
따라서 우리의 자유와 독립도
방황할 것입니다.

53 우리 지식을 키워야 합니다

이 세상 모든 일에

성하고 패하는 것이

그 지식이 길고 짧음에 있음을 깊이 깨달아야 합니다.

우리나라가 왜 외적에게 망하였느냐 하면

다른 연고가 아니라,

우리의 지식이 저들보다 짧은 까닭입니다.

54 우리 민족의 문명과 품격을 알립시다

대한 국민은

어떠한 외국 사람에게든지

믿음으로 대하고 사랑으로 만나며

우리 민족의 독립 정신과

문명한 품격을 보여주며

우리의 주의를 알려서

각 개인의 행동으로 말미암아

세계만방의

친선과 동정이 일어나게 합시다.

---

* 동정 : 남의 어려움을 자기 일처럼 가엾게 여기며 도움을 줌.

3

몸으로 독립군이 됩시다

55 몸으로 독립군이 됩시다

살아서

독립의 영광을 보려 하지 말고

죽어서

독립의 거름이 됩시다.

입으로

독립군이 되지 말고

몸으로 독립군이 됩시다.

56 독립운동을 절대로 계속할 것입니다

만일

누가 나더러 묻기를

"너는 어떻게 정하였느냐?"

나의 명확한 대답은

"독립운동은 절대로 계속할 것"이라

하겠습니다.

오늘의 대한 사람은

죽으나 사나

성(成)하나 패(敗)하나

끝까지 독립운동을 계속하기로

결심할 것이요,

이것이 대한 사람 된 자의

천직이요 의무입니다.

57 한 덩어리가 되어야 합니다

우리 목적은

세상이 독립을 주든지 안 주든지

우리 스스로 독립하는 것입니다.

이를 위하여서

한 덩어리가 되어야 하겠습니다.

58 참정이나 자치는 어리석은 것입니다

우리의 독립은 순서를 밟아야 한다고
참정이나 자치를 주장하는 자가 있습니다.

이러한 자들은 자기의 사욕을 채우기 위하여
일본놈에게 아첨하며 떨어지는
밥풀로 배를 채우려 하는 자입니다.

나는
참정이나 자치가
악하는 것이 아니라
그런 생각이 어리석음을
말합니다.

* 참정과 자치는 대한민국을 감시하고 회유할 목적이라는 것을 밝히는 연설

59 학업이나 사업도 독립운동입니다

누구든지
방황하거나 주저하지 말고
학업을 할 자는 학업을 하고
사업을 할 자는 사업을 하되

배움이나 일함이
독립운동을 멈추는 것이 아니라

이것이
독립운동을 충실히 하는
방침이 된다는 걸 잊지 말기 바랍니다.

60 대한의 일은 대한 사람이 해야 합니다

대한의 일을

누구에게 맡기려 하십니까?

영국 사람에게 맡길까요?

중국 사람에게 맡길까요?

아니면 미국이나, 러시아나

어느 다른 나라 사람에게 맡길까요?

아닙니다.

영국의 일은

영국 사람이 하는 것처럼

대한의 일은

대한 사람이 해야 할 것입니다.

61 우리 처지에 맞는 계획을 세워야 합니다

실질적으로

독립운동을 진행하기 위하여

우리 자체의 경우와 처지를 살펴

그 경우와 처지에 합당한

방침과 계획을 세우고

그것을 밟아나가도록 노력해야 합니다.

62 나가려면 준비해야 합니다

누군가는

준비, 준비하지 말라

과거 10년간을 준비하느라

아무것도 하지 못하지 아니하였느냐 합니다.

그러나

과거 10년 동안 못 나간 것은

준비한다며 못 나간 것이 아니고

나간다 나간다 하면서

준비하지 않았기 때문입니다.

나간다, 나간다 대신에

준비하고, 준비하였다면

벌써 나가게 되었을 것입니다.

63 독립전쟁을 가볍게 여기면 안 됩니다

준비는 꼭 필요합니다.

그러나

내가 말하는 준비라 함은

결코 적의 역량에 비할 만한

준비까지를 말하는 것이 아닙니다.

편싸움에도

노랑 편, 빨강 편이 모여서

작전 계획을 세우는데

기본도 준비하지 않고 나아가려 하는 것은

독립전쟁을 너무 가볍게 여기는 것입니다.

64 우리는 독립할 가능성이 확실히 있습니다

얼른 보면 우리에게는

인재도 결핍하고

재력도 결핍하고

기타 무엇도 부족하고

무엇도 없으므로

독립이 성공할까? 못할까?

하는 의심이 생길 듯도 합니다.

그렇지만 여러분은

조금도 의심하거나 상심하지 마십시오.

우리는 독립할 가능성이 확실히 있습니다.

65 저들은 거짓으로 세계 평화를 말합니다

일본은

자기들이 동양 평화를 책임지겠다고

날마다 한국인과 중국인에게 말합니다.

한국과 중국을 빼앗아 가면서도

그냥 평화를 하자 합니다.

오늘날 소위

강한 나라들이

약한 나라들을 무시하고 약탈하면서

입으로만 평화를 부르짖고 있습니다.

먹는 자는 좋거니와

먹히는 자는 불행하지 않겠습니까?

강자의 거짓 평화로는 세계 평화가 오지 않습니다.

66 강대국들은 진정한 평화를
생각하지 않습니다

헤이그 평화회의가 있었고

파리 평화회의가 있었고

국제연맹에 들어가 있는

미국, 영국, 프랑스, 이탈리아, 일본 제국이

늘 부르는 소리가 세계 평화였습니다.

일본은 더욱

날마다 동양 평화를 부르짖고 있습니다.

그런데 왜 평화가 오지 않을까요?

그렇습니다.

강대국들이 입으로는 평화를 부르짖으나

진정한 평화를 생각하지 않기 때문에

평화를 구할 방법을 애써 찾지 않는 것입니다.

67 일본인들은 침략 사상이
머릿속에 박혀 있습니다

일본이

한국과 중국을 친구삼아

아시아 형세를 든든하게 하면

미국 발아래서

부들부들 떨 필요가 없을 것입니다.

그러나 일본에서

소위 자유주의자라 말하는 자까지도

국내 문제에서는 자유를 주장하다가도

국외 문제에서는 침략을 찬성하고 있습니다.

이는 일본인들 머릿속에 침략적 사상이

깊이 박혀 있는 까닭입니다.

68 일본을 크게 징계할 날이 올 것입니다

나는
내 눈으로 멀리 바라봅니다만
장차 대한 청년의 손에
알지 못할 무엇이 생겨서
일본을 크게 징계할 날이 있습니다.

그 때가 언제입니까?

우리가
제 돈과
제 지식을 내고
제 법으로 자기를 다스리는
그날입니다.

69 독립군은 힘이 있어야 열립니다

참배나무에는 참배가 열리고
돌배나무에는 돌배가 열리는 것처럼
독립할 자격이 있는 민족에게는

참배나무에서는 참배가 열리고
돌배나무에서는 돌배가 열립니다.

독립할 자격이 있는 민족에게는
독립국이라는 열매가 열리고
노예될 만한 자격이 있는 민족에게는
망국이라는 열매가 열립니다.

독립할
자격이라는 것은
독립할 만한 힘이 있음을 말합니다.

독립할 자격이라는 것은

곧 독립할 만한 힘이 있음을 말합니다.

4

우리가 참 주인입니다

70 대한 동포는 이렇게 합시다

대한 동포로서

적의 관리된 자는 퇴직하고

일반 국민은 적에게 납세하지 말고

대한민국 정부에 세금을 내고

일본 국기를 사용하지 말고

대한민국 국기를 사용하고

일본 관청에 재판을 신청하지 말고

일본 관청과 단절하는 것입니다.

71 진심으로 토론해 주시오

지금 13도와

각처 여론이 하나가 되지 못하면

그 영향이 온 나라에 미칠 줄로 압니다.

혼자 생각하실 때 품은 생각

연구, 불평, 토론하고 싶은 것

모두 이 공적인 자리에서

진정된 자리에서

진심으로 토론하여 주시오.

72 집에 돌아가서 시비하지 맙시다

집에 돌아가서 시비를 하면
이는 정당치 못한 일입니다.

마음에 생각을 숨기지 말고
헐기 위하여 말고, 찢기 위하여 말고
논하기 위하여 말고

생각을 모으기 위하여
진정으로 사상과 마음을
발표해 주시기 바랍니다.

73 각자의 양심과 이성에 따라야 합니다

우리는

자유의 국민이므로

결코 노예적이어서는 안 됩니다.

우리를 명령할 수 있는 것은

오직 각자의

양심과 이성뿐이라야 합니다.

어떤 개인이나

어떤 단체에 맹종하여서는 절대 안 됩니다.

74 2천만 국민이 다 황제입니다

오늘날은

2천만 국민이 다 황제입니다.

황제란 무엇이요?

주권자 이름이니

과거의 주권자는 유일하였으나

지금은 국민이 다 주권자입니다.

⁷⁵ 정부 직원은 국민 전체의 공복입니다

정부 직원은

국민의 노복이지만

결코 국민 각 개인의 노복이 아니요,

국민 전체의 공복입니다.

그러므로 정부 직원은

전체의 명령에는 복종해야 하지만

개인의 명령에 따라

마당을 쓰는 노복이 되어서는 안 됩니다.

76 국민은 정부 직원을 다루는 법을 알아야 합니다

주권자인 여러분은
국민의 노복인 정부 직원을
다루는 법을 알아야 합니다.

어떤 미국 부인의 말에
한국인은 칭찬만 해주면
죽을지 살지 모르고 일한다 합니다.
칭찬만 받으면 좋아하는 것은
좀 못난이지만
누구나 칭찬하면 좋아하는 법입니다.

그러니 여러분도
정부 당국자들을 공격만 말고
칭찬도 해주십시오.

77 내 주권은 내가 찾아야 합니다

내 물건을

내가 스스로 찾고

내 주권을

내가 찾자는 것입니다.

우리가

우리 주권을 잃고 사는 것은

죽은 것만 못합니다.

죽은 것만 못함이오.

78 주인다운 주인이 얼마나 될까요?

묻습니다.

여러분이시여!

오늘 대한 사회에

주인 되는 이가 얼마나 됩니까?

대한 사람은

다 대한의 주인인데

주인이 얼마나 되는가 하고

묻는 것이 이상스럽습니다.

대한 사람이 된 자는

누구든지 다 주인이 될 수 있지만

실제로 대한민국의 주인다운 주인이

얼마나 되는지 알 수 없습니다.

79 스스로 책임감이 있는 자가 주인이요

주인이 아니면 나그네인데
주인과 나그네를 무엇으로 구별합니까?

그 민족 사회에 대하여
스스로 책임감이 있는 자는 주인이요
책임감이 없는 자는 나그네입니다.

80 누가 참 주인입니까

참 주인은
그 집안이 잘 되거나 못 되거나
버리지 못합니다.
그 집안 식구가 못났거나 잘났거나
버리지 못합니다.

자기 자신의 능력이
짧거나 길거나 가리지 않고
유지되고 발전할 만한 계획과 방침을 세워서
자기 몸이 죽는 시각까지 노력하는 사람이
참 주인입니다.

81 국민대표회의 정신과 목적이 무엇입니까?

우리 민족이 다 함께
독립운동의 큰 방침을 세워
국권 광복의 대사업을 완성하자는 것이
이번에 모인 국민대표회의
유일한 정신이요, 목적입니다.

이를 이루기 위하여 전심과 전력을 다할
가장 필요한 점이 무엇일까요?
군사 재정 외교 실업 교육 기타에 대한
적당한 방침을 세우고

제도와 기관을 이상적으로 개선하고
대표 인물을 잘 뽑아 활용하는
전심과 전력을 다해야 합니다.

82 독립운동의 요령은 여섯 가지입니다

우리 독립운동의 요령을 말하면,

1.군사운동 2.외교운동 3.재정운동

4.문화운동 5.식산운동 6.통일운동

독립운동이란 것은

이 여섯 가지 운동을 종합한 명사입니다.

그런 고로 이 여섯 가지의 운동을

바로 진행하면 독립을 성공하게 되겠고

이 여섯 가지 중에 하나라도 실패한다면

다른 다섯 가지 다 진행되어도

독립의 성공은 불가능합니다.

* 식산(殖産): 산업을 번성하게 함.

83 군사를 준비해야 합니다

군사를

준비하여야 합니다.

우리 일이

평화적으로 안 되면

반드시 군사적으로 하여야 하겠습니다.

혹은 우리를 웃을지 모르나

인도와 정의의 피가

일본의 강한 무력을 이길 수 있습니다.

⁸⁴ 군사조직을 통일합시다

먼저 준비할 것은

대한제국 시대의 군인이나 의병

그 밖에 군사 지식과

경험이 있는 자를 조사하여

군사조직을 통일하여야 할 것입니다.

85 국민 개병주의를 실시해야 합니다

훈련은 절대로 필요합니다.

전술도 배워야 합니다.

그러나 정신 훈련이 더욱 필요합니다.

아무리 좋은 무기를 가졌다 할지라도

정신상 단결이 더 필요합니다.

이 정신을 실시하려거든

국민 개병주의라야 합니다.

독립전쟁이

공상이 아니라 사실이 되려면

대한 2천만 남녀가

다 군인이 되어야 합니다.

* 국민 개병주의: 국민 모두에게 병역 의무가 있다는 뜻. 일본 침략에 맞서는 국민은 모두 독립군이고, 그런 정신으로 무장해야 한다는 것을 말함.

86 사관 양성에 힘써야 합니다

우리 군사 운동에는 사관 양성에 힘쓰되

우리 군사 운동에서는

사관 양성에 더 힘써야 합니다.

다른 나라에 비하여

더 노력할 필요가 있습니다.

다른 나라 군사로 말하면

모두 훈련을 충분히 받은 군사이므로

사관이 적어도 가능하지만

우리 군사는

훈련을 받지 못한 군사이므로

훈련 없는 군사를 지도 통솔할

사관이 더 많아야겠습니다.

87 전쟁에는 반드시 준비가 필요합니다

군사 한 명 먹이는 데

1일 20 전이라 하여도

만 명을 먹이려면

1개월에 6만 원이나 들어갑니다.

준비 없이 전쟁을 시작하면

적에게 죽기 전에 굶어 죽을 것입니다.

그러므로 만일

전쟁에 찬성하거든

절대로 준비가 필요한 줄 깨달으십시오.

88 재정이 통일되어야 안정됩니다

우리가

돈에 대해서도

많은 돈, 적은 돈 할 것 없이

이제는 여기저기로 나누지 말고

다만 한 곳으로 도웁시다.

재정을 통일시켜서 일합시다.

* 대한민국 임시정부로 돈을 모아야 한다는 뜻으로 한 연설

89 우리 스스로 세금을 내서 써야 합니다

돈 많은 사람은 많은 만큼 살고
가난한 사람은 가난한 사람만큼 살 것입니다.

남의 돈 빌려 쓰지 않고
우리가 스스로 세금을 내서 쓰면
가난하더라도 독립입니다.

90 정부에 돈을 꼭꼭 냅시다

금전을

모아야겠습니다.

상하이에 있는 동포들은

한 달에 얼마씩 작정하고

꼭꼭 냅시다.

부자한테만 바라면

돈이 아니 됩니다.

91 좋은 의견이라면 받아들여야 합니다

자기의 의견을 존중하는 동시에

남의 의견도 존중해야 합니다.

비록 어떤 사사로운 감정으로

자기와 좋지 못한 개인에게서

나온 것이라 하더라도

그 의견이 민족 사회에 이롭다고 생각되면

그 의견을 자신의 의견으로 받아들이기를

즐겁게 해야 할 것입니다.

92 국민 개업주의를 외칩니다

나는

국민 개업주의를 주장합니다.

대한의 남녀는

자기의 직업에 힘을 써야 합니다.

여러분 다 일하십시오.

여기서 할 일이 없거든

서북 간도에 가서 농업이라도 하십시오.

독립운동 한다면서 노는 자는

독립의 적입니다.

* 국민(國民) 개업주의(皆業主義): 국민이 모두 일을 해야 한다는 뜻임.

93 직업은 광복사업의 원동력입니다

대한 국민은

독립운동하는 기간에

평상시보다 더욱더욱 직업에 집착하여

배울 사람은 배움에

돈을 벌 사람은 벌이에

정성과 노력을 다하여

광복사업의 원동력이 되는 힘을

충실하게 합시다.

94 힘이 있어야 노동도 실행할 수 있습니다

작은 농장 하나를

경영하려 하더라도

그 농장을 시설하고 관리할 만한

힘이 있는 후에야

그 농장 사업을 경영하고

하루에 몇 환을 버는 노동이라도

그 노동을 감당할 만한 힘이 있는 후에야

노동을 실행할 수 있습니다.

95 일이 없을 수 없습니다

할 일이 없습니까?

아닙니다. 절대로 그렇지 않습니다.

일하기 좋은 일만 찾지 말고

아무 일이든지

남이 알든 모르든

있는 대로 하십시오.

그러면 일이 없을 수 없습니다.

일은 하고 싶으나

나는 자격이 부족하다 하십니까?

시체가 아닌 이상에는

누구에게나 자격이 있습니다.

96 독립운동에도 상과 벌이 있어야 합니다

독립운동에

특수한 공로가 있는 개인에게는

국가가 감사함을 표할 의무가 있습니다.

비록 국가를 위하는 것이

국민의 의무라 하더라도

의무를 다하지 못하는 여러 동포 중에서

특히 의무를 다한 자에게

상장이 있는 것은 당연한 일입니다.

상이 필요한 동시에

또 벌이 필요하니

이에 사법 문제가 중요한 것입니다.

독립운동 기간에 법을 지킴이

마땅합니까? 마땅하지 않습니까?

나는 아직

법을 복잡하게 정하는 건 반대합니다.

그러나 이런 때일수록 더욱

우리가 만든 법을 우리가 지켜야 합니다.

비록 간단하지만

우리의 법은 절대로 지켜야 합니다.

* 대한민국 임시의정원에서 정한 법을 지켜야 한다는 뜻임.

98 외교는 정부에게 맡겨 주시오

10월에

국제연맹 회의가 열리기 전에

외교 많이 해 두어야 하겠습니다.

한일 관계를 조사하는 것도 그 전에 해야겠습니다.

중국하고도

과거부터 미래까지

관계가 그치지는 않겠지만

외교는 따로따로 하지 맙시다.

따로따로 외교하면

오히려 신용을 잃을 것입니다.

* 연맹회의: 1920년 1월 16일 창설된 국제연맹

99 각국의 여론을 움직여야 합니다

지금 각국은

여론 정치입니다.

민중의 여론만 얻으면

그 정부를 움직일 수 있습니다.

각국에 알맞은 대표자를 보내어

국제연맹 회원국 다수를

우리 편으로 만들어야 합니다.

100 외교는 독립전쟁을 준비하기 위함입니다

내가

외교를 중시하는 이유는

독립전쟁을 준비하기 위함입니다.

전쟁 시에는 하나의 나라라도

내 편으로 만들어야 합니다.

이번 1차 세계대전에서

영국과 프랑스가

미국 각계를 향하여 애걸복걸하며

외교하던 모습을 보십시오.

진정으로 독립전쟁을 할 뜻이 있다면

외교도 중요하게 여겨야 합니다.

101 평등 외교를 해야 합니다

영국 미국 프랑스

이 제국들은 일본이나 다름없이

남의 땅을 빼앗고

국민을 노예로 여기는 도적놈들이니

그네와 외교를 한다면,

아무 효과 없을 것이라고 하나

나는 확답합니다.

우리는

제국 시대의 외교를 벗어나

평등 외교를 하는 것입니다.

우리가

윌슨 대통령에게 교섭함으로

미국이 박애의 덕으로

다른 이유 없이

대한의 독립함을 위하여

미일전쟁을 일으키겠는가?

미국이

대한 사람을 위하여

전국의 재정을 기울이고

수백만 목숨을 희생하여 싸워줄

이치가 있을 듯하지 않습니다.

103 개병주의와 개납주의를 널리 선전해 주시오

준비하는 책임은

정부에만 있지 아니하고

국민에게 더 있습니다.

개병주의와

개납주의를 실현하는 일도

국민들이 먼저

이 주의를 널리 알리며 참여해 주십시오.

---

* 개납주의(皆納主義): 국민 모두가 세금을 내야 한다는 것임.

104 독립운동은 채워 나가는 것입니다

여러분

군사가 안 된다,

외교가 안 된다, 재정이 안 된다,

기타 문호와

식산과 통일이 안 된다 하여

독립운동에 낙망하지 마십시오.

군사나, 외교나, 재정이나,

문호나, 식산이나, 통일이

다 원만히 되었다 하면

독립운동을 할 필요가 없지 않겠습니까?

없는 군사를 있게 하고

부족한 것을 채워야 하는 것이

독립운동이 아니겠습니까?

* 문호(門戶): 다른 나라와 교류 하는 통로

105 동양 평화가 있어야 세계 평화가 있습니다

우리가

새 공화국을 건설하는 날이

동양 평화가 든든해지는 날이요,

동양 평화가 있어야

세계 평화가 있습니다.

* 새 공화국: 새로 세우는 대한민국을 뜻함. 1919년 4월 11일 제정한 대한민국 임시헌장 제1조에서 '대한민국은 민주공화제로 함'이라고 밝혀 놓았음.

5

남의 개성을 존중합시다

내게 한 가지 옳음이 있으면

남에게도 한 가지 옳음이 있는 것을

인정하여서

남의 의견이 나와 다르다 해서

그를 미워하는 편협한 일을 아니 하면

세상에는 화평이 있을 것입니다.

* 편협(偏狹) : 너무 한쪽으로 치우쳐 남을 미워하는 속이 좁은 생각과 행동

107 독립은 지식의 힘에서 나옵니다

독립운동 기간에 우리는
교육에 더욱 힘써야 함이
마땅할까요?

나는 단언합니다.
독립운동 기간일수록
더 교육에 힘써야 한다고.

죽고. 살고, 노예 되고, 독립되느냐
판정 나는 것은
지식의 힘과 금전의 힘입니다.

우리 민족으로 말하면

아름다운 기질로

아름다운 자연에서 성장하여

아름다운 역사의 가르침으로

살아온 민족이므로

근본이 우수한 민족입니다.

109 강산이 황폐되면 우리 민족도 약해집니다

만일 산과 물을 개조하지 아니하고

그대로 자연에 맡겨 두면

산에는 나무가 없어지고

강에는 물이 마릅니다.

하루아침에 큰비가 오면

산에는 사태가 나고

강에는 홍수가 넘쳐서

그 강산을 헐고 묻습니다.

그 강산이 황폐함에 따라서

그 민족도 약하여집니다.

110 대한 민족은 독립하고야 말 민족입니다.

우리가

오늘날 약함은 다만

우리가 새로운 문명을 배움이

늦게 시작됨에 있을 뿐이지

우리 민족이

열등한 데 있지 않습니다.

대한 민족은 남에게

지면서 사는 민족이 아닙니다.

그러므로 대한 민족은

독립하고야 말 민족입니다.

111 대한 사람을 믿는 날이 올 것입니다

대한 사람은

대한 사람의 말을 믿고

대한 사람은

대한 사람의 글을 믿는 날이 와야

대한 사람이

대한 사람의 얼굴을 반가워하고

대한 사람이

대한 사람과 더불어 합동하기를

즐거워할 것입니다.

112 해외 어린이에게도 교육이 필요합니다

국민에게

좋은 지식과 사상을 주고

애국의 정신을 심어주기 위하여

좋은 서적을 많이 간행하여야 합니다.

이 시기에 적합한 특수한 교육을 하고

학교도 세우고 교과서도 편찬하여

해외에 있는 어린이에게도

될 수 있는 대로 교육을 실시하여야 합니다.

113 전문적 학식과 기술이 있어야 합니다.

오늘날은

빈말로 살아가는 세상이 아닙니다.

살아갈 만한 일을

참으로 만들어야 사는 세상입니다.

실제로 나아가

감당할 만한 한 가지 이상의

전문적 학식이나 기술이 있어야 합니다.

이것이 나와 가족, 사회를 살립니다.

114 각각 처지에 따라 배워야 합니다

각각

그 정도와 처지에 따라

배워야 합니다.

혹은 대학으로 혹은 중학으로

그렇지 아니하면

말 기르고 양 치는 마당으로

숲과 과일나무를 재배하는 동산으로

생선 잡는 바다로

쌀 찧고 밀가루와 죽가루 만드는 방앗간으로

장막 짓는 데로

양철통 만드는 데로

철공장으로

비누와 양초 만드는 데로

캔디와 쿠키 만드는 데로

어디든지 배울 구멍을 뚫고 들어가
배워야 하겠습니다.

이것을 하려고만 하면
누구나 할 수 있습니다.

115 활동할 무기를 준비하는 자가 학생입니다

학생은 누구나 할 것 없이

모두 사회에 나아갈

준비를 하는 사람입니다.

활동이 있으면 살고

없으면 죽는 것이며

많으면 크게 번영하고

적으면 적게 번영할 것입니다.

인류 사회의 생존은 사람의 활동에 있고

사람이 활동할 무기를 잘 준비함에 있는데

이 활동의 무기를 준비하는 자가

곧 학생입니다.

116 일생에 힘써 할 일은 개조입니다

여러분

우리 사람이 일생에 힘써

할 일이 무엇일까요.

나는 우리 사람의 일생에 힘써 할 일은

개조하는 일이라 생각합니다.

우리 각각

자기 자신을 개조합시다.

너는 너를 개조하고

나는 나를 개조합시다.

내가

나를 개조 못하는 것을

아프게 생각하고

부끄럽게 압시다.

내가

나를 개조하는 것이

우리 민족을 개조하는

첫걸음이 아니겠습니까?

* 개조: 나쁜 관습이나 버릇을 바꿔서 새롭고 쓸모 있게 만들어 냄.

117 가장 쉬운 것에서부터 풀어야 합니다

이 세상에 모든 큰일은

가장 작은 것으로부터 시작하였고

크게 어려운 일은

가장 쉬운 것에서부터 풀어야 합니다.

우리는

이것을 밝히 깨달아야 하겠습니다.

118 머리만 크고 꼬리는 짧아지면 안 됩니다

우리는

무실역행(務實力行) 정신으로

발전을 계획하되

작은 것에서부터

큰 것을 이루어야 합니다.

결코 머리만 크고

꼬리가 짧아져서는 안 됩니다.

* 무실역행(務實力行): '참되기를 힘쓰고, 실천하기를 힘쓰자.'라는 뜻.

119 속이지 않을 것을 결심합니다

중대한 직분을 받는 오늘

나의 감상은 다만

감사하다는 말뿐입니다.

일백 번 죽음의 어려움이라도

피하지 않고

일반 국민과 국가를 위하여

충성을 다하겠다 할 뿐입니다.

앞으로 일할 때

큰 일이나 작은 일에 속이지 않을 것을

결심합니다.

* 중대한 직분: 대한민국 임시정부 내무총장 겸 국무총리서리에 취임하는 날, 국
무총리서리가 되어 상해 대한민국 임시정부, 러시아령 국민의회 임시정부, 국내
한성 임시정부를 통합하는 일을 시작함.

120 친애하고 동정하는 마음을 갖도록 노력합시다

정의(情誼)는

친애와 동정의 결합이외다.

친애라 함은

어머니가 아들을 보고 귀여워서

정으로써 사랑함이요,

동정이라 함은

아들이 당하는 고통과 즐거움을

자기가 당하는 것같이 여김이외다.

친애하고 동정하는 것을 공부하고

연습을 노력하자 함입니다.

121 남의 개성도 존중해야 합니다

모진 돌이나

둥근 돌이나

다 쓰임이 있는 법이니

다른 사람의 성격이

내 성격과 같지 않다고 하여

나무랄 것이 아닙니다.

각각

남의 개성도 존중하여

자기 성격대로 가지는 개성을

존중해야 합니다.

122 진실과 정직을 가슴에 모셔야 합니다

참으로 건질 뜻이 있으면

그 건지는 법을 멀리서 구하지 말고

먼저

우리의 가장 큰 원수가 되는

속임을 버리고서

각 개인의 가슴 가운데

진실과 정직을 모셔야 하겠습니다.

123 긍휼히 여기는 마음이 필요합니다

나만 못한 사람을

무시할 것이 아니라

긍휼히 여겨야 옳습니다.

남이 잘못하는 것을 볼 때는

저주할 것이 아니라

포용심을 가져야 하겠습니다.

긍휼히 여기는 마음이 없으면

내 동족을 위하여

헌신적으로 힘쓸 마음이 나지 않습니다.

* 긍휼: 나보다 못한 사람 앞에서 잘난 체를 하는 것이 아니라 그 환경을 얻지 못한 것을 알고 보살펴주는 마음

124 신의와 지식을 가진
사람이 되어야 합니다

단결과 신의를 굳게 지키며

조직적 지식을 가진 사람이 없고서는

간판 운동이 아닌

실제적 힘 있는 운동을 할 만한

결합을 이루기는 절대 불가능할 것입니다.

125 쉬지 말고 나아가면
큰일을 이룰 수 있습니다

지금

여러분 일이 시작이므로

모든 것이 서투르다고

스스로 업신여기지 말고

또 낮게 알지 마십시오.

쉬지 말고 나아가면

큰일을 이룰 수 있습니다.

126 부허는 예외적 행동을 만듭니다

부허(浮虛)는

인과(因果)의 원칙을 무시하고

정당한 계산과 노력을 하지 아니하고

천에 한 번 뜨이는 요행수만 표준하고

엉뚱한 행동으로

여기 덥석 저기 덥석

마구 덤비는 것입니다.

* 부허: 마음이 들떠 있어 미덥지 못한 상태를 말함.

127 악한 습관을 개조하여
선한 습관을 만듭시다

여러분의

모든 악한 습관을

각각 개조하여 선한 습관을 만듭시다.

거짓말을 잘하는 습관을 가진

그 입을 개조하여

참된 말만 하도록 합시다.

게으른 습관을 가진

그 몸을 개조하여

활발하고 부지런한 몸을 만듭시다.

128 목적이 옳다고 믿는다면
낙관할 것입니다

여러분은

우리 앞날의 희망에 대하여

비관하십니까? 낙관하십니까?

우리가 세운 목적이 잘못된 것이면

언제든지 실패할 것입니다.

우리가 세운 목적이 올바른 것이면

언제든지 성공할 것입니다.

그러니

독립이 옳음을 확실히 믿으면

조금도 비관하지 않고 낙관할 것입니다.

129 농담을 이해하고 즐기시오

농담을 이해하고 즐기시오.

그렇다고 너무 실없는 말을

눈치 없이 하는 것은 농담이 아닙니다.

우리는

아프리카인에 가까운 행동을 배웁시다.

그들은 농담을 제일 즐깁니다.

6

끝까지 나아가는 사람이
성공합니다

130 여자도 떳떳한 권리를 가졌습니다

한국 여자는 본래

세계에서 가장

존경을 받을 만하였습니다.

다만 한 가지 흠은

여자들이 스스로

남자의 부속물이라

여기는 것이었습니다.

여자도 떳떳한

사람의 권리를 가진 것을

깨달아야 합니다.

131 부인회 여러분을 존경합니다

오늘날 여러분을

더 존경하고 사랑하는 까닭은

새로운 정신이 일어나

이번 독립운동에 남자보다도

먼저 부인들이 시작하고

피를 흘리는 가운데서

끝끝내 유지하여 온 까닭입니다.

132 여자의 자격을 더 기뻐합니다

여러 나라 부인들이

참정권을 위하여 오랫동안 싸우고

지금도 싸우고 있습니다.

나는 우리나라가

여자의 힘으로 독립하는 날이 될 것을

기뻐하는 것보다 더 여자의 자격을 기뻐합니다.

---

* 자격(資格): 어떤 일을 맡아서 할 수 있는 신분과 지위. 도산 안창호가 말한 '여자의 자격'이란 여자들이 '한 사람, 민주공화국 시민으로 누릴 권리'를 뜻함.

133 애국부인회 회원이 되어 주십시오

부인들이

서로 멀리 있어도

나라 일은 도울 수 있습니다.

늙은이 젊은이가

애국부인회 회원이 되어

전국이 함께 한다면

그 활동이 세계에 주는 감동은

남자보다 더할 것입니다.

* 대한애국부인회 : 대한민국 임시정부에 독립군자금을 모금하여 보내기 위한 국내외에서 활동하던 여성 조직을 말함.

134 인격 훈련과 단결 훈련이 필요합니다

가장 힘쓸 것은

인격 훈련과 단결 훈련

이 두 가지라고 말합니다.

지금이 어느 때라고

인격이나 단결 훈련 같은 것을

하고 앉아 있느냐고

반대하는 사람도 있습니다.

하지만 나는

이런 때에 더욱

인격과 단결을 훈련해야 한다고

생각합니다.

135 동포끼리는 무저항주의를 씁시다

죽더라도 동포끼리는

무저항주의를 씁시다.

때리면 맞고

욕하면 듣고

악을

악으로 대하지 말고

동포끼리는

오직 사랑합시다.

136 옳지 못한 습성에서 벗어나야 합니다

옳은 일을

지성으로 만들어 나가는 사람은

곧 옳은 사람이어야 합니다.

그러므로

내가 나를 스스로 경계하고

옳지 못한 습성에서 탈피하여

옳은 사람의 자격을 가지기 위해

먼저 노력해야 합니다.

* 지성(至誠): 원하는 일을 이루기 위해 끝까지 포기하지 않고 성실하게 노력함.

137 거짓을 버리고 참을 채웁시다

만일 대한 민족을

건질 뜻이 없으면 모르겠지만

진실로 있다고 하면

네 가죽 속과 내 가죽 속에 있는

거짓을 버리고

'참'을 채우자고 거듭 맹세합시다.

138 불평을 측은한 마음으로 돌리면
열정이 생깁니다

우리는 사회에 대하여

불평하는 생각이 일어나는 순간에

측은히 여기는 방향으로 돌려야 합니다.

못나고, 약하고, 실패한 자를 보더라도

그것을 측은하게 여기면

건질 마음이 생기고 도와줄 마음이 생기어

민중을 위하여 희생적으로 노력할

열정이 더욱 생깁니다.

139 우리는 좀 더 활발히 싸워야 합니다

우리는

좀 더 활발히 싸워야겠습니다.

일본이 회개하여

무릎을 꿇고 사과하면 모르겠지만

그렇지 않다면 장래 저 만주와 한반도에

각색 인종의 피가 강같이 흐르는 것을

내 눈으로 보게 될 것입니다.

이 사실은

일본 사람이라도

지혜 있는 자는 알 것입니다.

140 불평은 우리 사회의 큰 위험입니다

내가 살펴본 바로는

우리 사람들은 각각 우리 사회에 대하여

불평하는 태도가 날로 높아갑니다.

이것이 우리의 큰 위험이라고 생각합니다.

지금 대한 사회 현상은

불평할 만한 것이 많은 것은 사실입니다.

그러나

그 불평하는 결과가

자기 민중을 무시하고 배척하게 된다면

아니 될 것입니다.

141 대한 민족을 다시 살려야 합니다

남은 알든지 모르든지

대한 민족에 대한

헌신적 정신과 희생적 정신을

길러야 하겠습니다.

대한 민족을

다시 살릴 책임을 가진 자로서

이 정신이 없으면 안 되겠습니다.

142 인내력을 기르면 성공이 있습니다

오늘 대한의 청년은

특별히 인내력을 길러야 합니다.

옳다고 하는 일에는

밝은 판단을 내리고

판단한 일은 끝까지 나아간다면

성공이 있습니다.

143 끝까지 밀고 나아가는 사람이 성공합니다

옳은 목적을
세운 사람이 실패하였다면
그 실패한 커다란 원인은
자기가 세운 목적을 향하여 나가다
어떠한 장애와 곤란이 생길 때에
그 목적에 대한 낙관이 없고
비관을 가진 것에 있는 것입니다.
곧 세운 목적이 무너진 것입니다.

자기가 세운 옳은 목적에 대하여
시시때때로 어떤 실패와 장애가 오더라도
조금도 그 목적의 성공을 의심치 않고
낙관적으로 끝까지 밀고 나아가는 자는
확실히 성공합니다.

144 자유와 정의를 위해 망설이지 마십시오

대한 사람은

자유를 위하여 정의를 위하여

죽는 것이 노예로 사는 것보다

오히려 기쁨이니

죽음으로 나아가기를 망설이지 마십시오.

145 민족이 결합해야 성공할 수 있습니다

민족의 결합력이 우선입니다.

이론과 방침 계획은 그 다음입니다.

만일 결합력이 강하면 그 결합체에 알맞게

방침과 계획을 고쳐가며

목적을 달성하는 데까지 나아갈 수 있습니다.

그러나

결합 된 힘이 없고서는

아무리 좋은 방침이 있더라도

이를 실행할 수 없습니다.

146 다시 나아갈 것을 낙관합시다

우리 국가와 민족을 위하여

단체나 개인이나 옳은 목적을 세우고

사업을 하다가 한때

부족함이나 실패가 있었더라도

비관하지 말고

다시 나아갈 것을 낙관합시다.

147 너는 무엇을 하느냐?

어떤 신(神)이 무심중에 와서

그대에게 묻기를

너는 무엇을 하느냐? 할 때

나는 무엇 무엇을 하고 있노라고

서슴지 않고 대답할 수 있게 하십시오.

148 담대하게 일합시다

우리 일은 시작입니다.

우리의 앞은 더 중대합니다.

우리 청년들이여!

태산 같은 큰 일을 준비합시다.

낙심 말고,

겁내지 말고,

쉬지 말고,

용감하고 담대하게 나아갑시다.

죽을 작정하고 담대하게 일합시다.

우리 마음에는 원수 갚을 마음뿐이어야 합니다.

149 책임은 내 것이고,
영광은 우리 것이라 합시다

우리라는 말이 심히 좋은 말입니다.

이 말을 책임 전가나 책임 회피에 이용하는 것은

비겁한 일이오.

책임에 대하여서는 내 것이라 하고

영광에 대하여서는 우리 것이라 하는 것이

도덕에 맞는 언행입니다.

150 정이 있는 사회를 만들어야 합니다

인류 중

불행하고 불쌍한 자 중에

가장 불행하고 불쌍한 자는

정이 없는 사회에 사는 사람입니다.

복 있는 자 중에

가장 다행하고 복 있는 자는

정이 있는 사회에 사는 사람입니다.

151 남녀화합이 있어야 다 잘됩니다

남녀의 화합이 사회의 정(情)의 기초이건마는
우리 사회에는 남녀를 꼭 갈라놓으므로
차디찬 세상을 이루고 맙니다.

서양 사람은 정의(情誼)에서 자라고 정의(情誼)에서
살다가 정의(情誼)에서 죽습니다.
그들에게는 정의(情誼)가 많으므로 화기가 있고
따라서 흥미가 있어서 무슨 일이나 다 잘됩니다.

* 정의(情誼) : 서로 사귀어 친하여 짐.

178

152 흥하는 나라는
이전의 잘못을 알고 통회합니다

역사를 살펴보면

새로 흥하는 나라들은

모두 이전의 잘못을

통회하고 분내어

나아가는 데 있는 것입니다.

* 통회(痛悔): 깊게 뉘우침.
* 분내어: 마음과 힘을 다하여

153 자신이 먼저 책임적 애국자가 됩시다

오늘날 이러한 참혹 지경에서 벗어나려면
벗어나게 할 만한 일이 있어야 하겠고,
그 일이 있으려면 그 일을 행할
책임적 애국자가 많아야 하겠고,

책임적 애국자가 많기를 원하면
멀리 구하지 말고 나와 여러분 자신이
각각 먼저 책임적 애국자가 되어
다른 동포에게 정신을 전염시킵시다.

7

당신을 사랑합니다

154 기다리지 마시오

내가 고국에 나왔다가

고국이 망하는 것을 보고

나 혼자 잘 살려고

고국을 버리고 가는 것은

차마 못 할 일입니다.

그러므로

아직은 떠날 수 없으니

그대도 고국을 사랑하는 마음이

응당 있을 터이니 과히 기다리지 말고

내가 행하는 일이나 잘되기를 축원하시오.

155 집 생각이 너무 납니다

나는 저번에

이를 하나 뽑은 후에

또 다른 이가 늘 아프고 두통이 일어남으로

무엇을 생각하거나 책을 보거나

더 아파서 못하겠소이다.

지금은 약을 먹어

좀 낫기는 하지만 이따금 쏩니다.

그래서 먹기도 성가십니다.

어떤 날은

집 생각이 너무 일어나서

곧 떠나고 싶더이다.

156 병을 무릅쓰고 다녔습니다

저는 멕시코에 도착한 후

초기에는 병에 걸려

멕시코 수도 멕시코 시티,

베라크루스 콰사괄코스, 푸론테라 등지에서는

병을 무릅쓰고 다니었습니다.

메리다에 와서 차도가 있었으나

다시 부스럼증과 치통, 두통 등으로

좀 괴롭게 지내 머리를 쓰기가 좀 힘듭니다.

157 능력이 부족함을 원망합니다

나는 자식들에 대하여

내가 할 의무를 못 하는 때문에

심리의 고통이 떠나지 아니하며

또 미주에 있는 여러 친구의 신세를

너무 지게 되는 것이 황송합니다.

그래서

나라 일을 죽기로

힘을 다하려고 하지만

능력이 부족함을 원망합니다.

158 생각할수록 죄송한 것뿐입니다

내가 일찍 우리 민족에게

몸을 바치고 일하노라고

집을 돌아보지 아니하였으나

민족에게 크게 도움이 없으니

두루 생각할수록 죄송한 것뿐입니다.

159 특별히 슬퍼할 것이 무엇입니까?

나를 위하여 우려하는

여러분을 향하여 더욱 미안합니다.

그러나 과도히 근심하지 마소서.

나와 같은 길을 걸어가다가

나보다 먼저

철창 밑에서 고생한 사람이 얼마입니까?

내가 이만큼 고생을 받는다고

특별히 슬퍼하고 한할 것이 무엇입니까?

160 최고의 진리는 사랑입니다

사랑, 이것이

인생이 밟아 나갈

최고의 진리입니다.

인생의 모든 행복은

인류의 화평에서 나오고

화평은 사랑에서 나오기 때문입니다.

인생의 모든 행복은 인류의 화평에서 나오고

화평은 사랑에서 나오기 때문입니다.

우리가 경험하여 본 바 어떤 가정이나

그 가족들이 서로 사랑하면 화평하고

화목한 가정은 행복의 가정입니다.

161 미안하고 미안합니다

내가 평생에 당신에게

기쁨과 위안을 줌이 없었습니다.

그런데 느즈막에 와서

근심과 슬픔을 주게 되오니

불안한 마음 측량할 수 없습니다.

더욱이 가사와 아이들에 대한

모든 시름을 늘 혼자 맞게 하니

미안하고 미안합니다.

남편의 직분과

아비의 직분을 다하지 못한 것을

스스로 책망하고 있습니다.

162 옥에서 숨이 멈춰도 한할 것이 없습니다

옥에서 목숨이 멈추어도

한할 것이 없습니다.

나는 나의 장래는 자연에 맡기고

다만 평소에 지은 죄과를 참회하고

심신을 새로이 단련하여

옥에 있거나 밖에 있거나

어디서든지 남아 있는 짧은 시간을

오직 화평한 마음으로 지내려고

스스로 준비하고 힘씁니다.

163 정을 억제하는 것이 낫지 않을까 합니다

내가 출옥 이후 일 년 반이 넘도록
아무것도 하지 않고 다만 침묵하고 있었지만
그네들은 주목을 심하게 하며

내가 오고 가는 것과
일반 행동을 조사하는 것은 물론
나를 찾아오는 사람들까지
붙들고 무례히 조사하며
강연하는 것을 금하고
환영하는 것까지 금하는 모양입니다.

오늘의 경우에는 차라리 만나고 싶은
정을 억제하는 것이 낫지 않을까 합니다.

164 어려운 것을 잘 견디는 연습을 하여라

너의 근본 성품은

속이지 않고 거짓말 아니 하고 진실하니

다른 사람보다 좋은 사람이 될 수 있다.

좋은 사람됨에는

진실하고 깨끗한 것이 첫째이니

너는 스스로 부지런한 것과

어려운 것을 잘 견디는 연습을 하여라.

165 좋은 책을 읽어라

두 종류의 책을 택하라.

첫째는 좋은 사람들의 사적과

인격을 수양하는 데 관한 책이요,

둘째는 네가 목적하고 배우는

지식을 돕는 데 관한 책이다.

두 가지를 바탕으로 책을 읽고

한글과 우리말을 잘 익혀라.

내가 주는 말은

네가 즐거운 마음으로 받을 줄 믿노라.

166 아름다움을 사랑하여라

사랑하는 딸아

우리 집 언덕길은 이전과 같으냐?

혹 고치었느냐?

연못에 연꽃이 남아 있느냐?

또 토란 나무는?

너희들이 매우 바쁘지마는

뜰을 깨끗하게 거두고 화초를 잘 길러라.

이것도 아름다움을 사랑하는

좋은 습관을 기르는 한 과정이다.

더욱 뜨거워지기를 힘씁시다

여러분이

과거에는

올라갔든지 내려갔든지

더웠든지 찼든지

이는 이미 지나간 것이라 말할 것 없고,

앞으로

더욱 나가고

더욱 뜨거워지기를

힘씁시다.

168 신용 자본과 지식 자본을 저축합시다

속이거나

거짓말하지 아니하고

진실하게

'신용의 자본'을 함께 저축합시다.

한 가지 이상의

학술이나 기능을 배워

전문 직업을 감당할 만한

'지식의 자본'을 함께 저축합시다.

나는 이제부터

더욱 의지의 힘을 강하게 하여

세상이야

비웃든지, 칭찬하든지

돕든지, 해치든지

좋아하든지, 미워하든지

믿든지 의심하든지….

이것이

우리 민족을 건질 수 있는

합당한 것이라고 깨달으면

그것을 붙들고 끝까지 나가려 합니다.

배우는 것도

흥사단을 위하여

돈을 버는 것도

흥사단을 위하여 합시다.

그리하여 우리의 흥사단은

흥사단을 중심으로 하지 말고

우리의 국가와 민족을 중심으로 합시다.

힘이 없음을 한탄하지 맙시다

오늘 우리에게

힘이 없음을 한탄하지만 말고

힘만 있으면 성공할 것을 깊이 깨달아

적으면 적은 대로 많으면 많은 대로

우리에게

있는 마음과 있는 뜻과 있는 힘을

다하여 노력합시다.

주

1. 안창호가 죽겠습니다
— 임시 의정원 본회의에서 아령 국민의회 사건을 해명한 연설 중에서, 1920년
   3월 23일

2. 영광스러운 정부로 만들어야겠습니다
— 제1차 북경로 예배당 연설 중에서, 1919년 7월 17일

3. 우리 국민은 본래 통일된 민족입니다
— 상해 교포 신년 축하회 연설 내용 중에서, 1920년 1월 3일

4 임시정부는 서울에 세울 정부의 그림자입니다
— 상해 교민 친목회 사무소에서 한 연설 중에서, 1919년 6월 25일

5. 최고의 기관으로 통일해야 합니다
— 상해 교민 친목회 사무소에서 한 연설 중에서, 1919년 6월 25일

6. 따로따로 일하지 맙시다
— 상해 교민친목회 사무소에서 한 연설 중에서, 1919년 6월 25일

7. 한성 정부를 승인합시다
— 임시 의정원에서 국무총리 대리의 자격으로 설명과 답변 내용 중에서,
   1919년 8월 28일

8. 통일운동 첫 방침은 중앙 집중입니다
— 임시정부를 사임한 직후 시국 강연 중에서, 1921년 5월 21일

9. 통일하려면 두 가지가 필요합니다
— 임시정부를 사임한 직후 시국 강연 중에서, 1921년 5월 21일

10. 통일을 위해서는 복종이 필요합니다
— 상해 교포 신년 축하회 연설 중에서. 1920년 1월 3일

11. 이제는 하나가 되어야 하겠습니다
— 상해 교민 친목회 사무소에서 한 연설 중에서, 1919년 6월 25일

12. 힘의 실현에는 통일이 으뜸입니다
— 상해 민단 주최 강연회에서 한 연설 중에서, 1919년 12월 7일

13. 양쪽이 다 의심합니다
— 임시정부를 사임한 직후 하신 시국 강연 중에서, 1921년 5월 21일

14. 제 편 사람만 모일 이치가 없습니다
— 임시정부를 사임한 직후 시국 강연 중에서, 1921년 5월 21일

15. 국민대표회의를 축복하여야 합니다
— 상해에서 국민들에게 한 담화 중에서, 1923년 1월 24일

16. 간절히 부탁하는 바는 이것입니다
— 동지들에게 쓴 글 중에서, 1921년 7월 18일

17. 이동휘 명령에 따라야 합니다
— 상해 교포 신년 축하회 연설 중에서, 1920년 1월 3일

18. 우리는 섬깁시다
— 상해청년단 강연 중에서, 1919년 5월 28일

19. 국민대표회의 완성을 힘씁시다
— 임시정부를 사임한 직후 시국 강연 중에서, 1921년 5월 21일

20. 국민대표회의가 무엇보다도 우선되어야 합니다
— 국민대표회 정식 개회식에서 한 환영사 중에서, 1923년 10월 7일

21. 조그만 감정은 모두 없애버립시다
— 상해 민단 주최 강연회에서 한 연설 중에서, 1919년 12월 27일

22. 국민도 책임이 있습니다
— 상해에서 개조라는 제목으로 한 연설 중에서, 1919년

23. 책임적 애국자는 그 계획을 행하는 자입니다
— 흥사단 단우회의에서 한 연설 중에서, 1970년

24. 먼저 통일이 되어야 합니다
— 임시정부를 사임한 직후 시국 강연 중에서, 1921년 5월 21일

25. 통일해서 싸움에 나서야 이길 수 있습니다
— 상해 교민 친목회 사무소에서 한 연설 중에서, 1919년 6월 25일

26. 주인이 되기 위해서는 합해야 합니다
— 상해 교포 신년 축하회에서 한 연설 중에서, 1920년 1월 3일

27. 위인의 마음으로 일해야 합니다
— 동포에게 고하는 글 중에서, 1927년 2월

28. 비방과 질투가 실패의 원인입니다
— 상해에서 정식으로 국민대표회의가 개최되어 대표들을 맞으면서 한 말씀
  중에서, 1923년 1월 24일

29. 교민들의 희생에 갚음이 있을 것입니다
— 동지들에게 쓴 글 중에서, 1921년 7월 18일

30. 끝까지 책임지기 위해서입니다
— 임시의정원에서 국무총리 대리의 자격으로 한 설명 또는 답변 중에서,
  1919년 8월 28일

31. 3.1운동을 세계가 알게 되었습니다
  ─ 제1회 3.1절 말씀 중에서, 1920년 3월 1일

32. 3월 1일, 우리는 기억해야 합니다
  ─ 제1회 3.1절 말씀 중에서, 1920년 3월 1일

33. 3.1운동은 우리 동포의 애국심을 알려주었습니다
─ 동지들에게 하신 말씀 중에서, 1921년 7월 18일

34. 순전한 애국심만 있으면 근심이 없습니다
─ 상해 교민친목회 사무소에서 한 연설 중에서, 1919년 6월 25일

35. 그 마음은 하나입니다
─ 상해 교포 신년 축하회에서 한 연설 중에서, 1920년 1월 3일

36. 독립을 위해 싸우는 것은 당연합니다
─ 상해 교포 신년 축하회에서 한 연설 중에서, 1920년 1월 3일

37. 가만히 앉아서 흘리는 피는 가치가 적습니다
─ 상해 북경로 예배당 환영회에서 한 연설 중에서, 1919년 7월 17일

38. 공동체 정신을 길러야 합니다
─ 오늘의 대한 학생이라는 제목으로 한 말씀 중에서, 1926년 12월

39. 옳은 편에 집중하시오
─ 임시 정부를 사임한 시국 강연 중에서, 1921년 5월 21일

40. 사죄부터 해야 합니다
─ 태평양 회의 외교 후원에 대한 말씀 중에서, 1921년 9월 3일

41. 의논하며 일합시다
─ 임시정부를 사임한 직후 한 연설 중에서, 1921년 5월 21일

42. 자유로운 의사와 교류가 필요합니다
— 상해 교포 신년 축하회 연설 중에서, 1920년 1월 3일

43. 방황하면 독립을 얻지 못합니다
— 민단 주체 강연회 중에서, 1919년 12월 27일

44. 국민대표자 모임이 필요합니다
— 임시정부를 사임한 직후 시국 상연 중에서, 1921년 5월 21일

45. 색안경을 벗읍시다
— 상해 교민친목회 사무소에서 한 연설 중에서, 1919년 6월 25일

46. 독립할 자격이 있음을 보여야 합니다
— 임시정부를 사임한 직후 시국 강연 중에서, 1921년 5월 21일

47. 공결복종을 실천해야 합니다
— 국민대표회 정식 개회식에서 하신 환영사 중에서, 1923년 10월 7일

48. 간절한 마음으로 흥사단을 발기하였습니다
— 흥사단 제7회 원동대회 연설 중에서, 1920년 12월 29일

49. 건전한 인격자와 신성한 단체가 필요합니다
— 흥사단 단우회의에서 하신 연설 중에서, 1970년

50. 신성한 단결을 이루자고 합시다
— 동지들에게 쓰신 편지 중에서, 1921년 7월 18일

51. 대한을 위하여 일해야 합니다.
— 북미 대한인 국민회 중앙총회위원회 연설 중에서, 1919년 3월 13일

52. 우리의 자유와 독립도 방황합니다
— 상해 민단이 주최한 강연회에서 한 연설 중에서, 1919년 12월 7일

53. 우리 지식을 키워야 합니다
— 정부에서 사퇴하면서 한 연설 중에서, 1921년 5월 12일

54. 우리 민족의 문명과 품격을 알립시다
— 상해 신년 축하회에서 한 연설 중에서, 1920년 1월 13일

55. 몸으로 독립군이 됩시다
— 상해 교포 신년 축하회에서 한 연설 중에서, 1920년 1월 3일

56. 독립운동을 절대로 계속할 것입니다
— 임시정부를 사임한 후 시국 강연 중에서, 1921년 5월 21일

57. 한 덩어리가 되어야 합니다
— 상해 교민친목회 사무소에서 한 연설 중에서, 1919년 6월 25일

58. 자치나 참정은 어리석은 것입니다
— 상해 삼일당에서 한 연설 중에서, 1926년 7월 8일

59. 학업이나 사업도 독립운동입니다
— 상해 민단이 주최한 강연회에서 한 연설 중에서, 1920년 12월 25일

60. 대한의 일은 대한 사람이 해야 합니다
— 임시정부를 사임한 직후 시국 강연 중에서, 1921년 5월 21일

61. 우리 처지에 맞는 계획을 세워야 합니다
— 임시정부를 사임한 시국 강연 중에서, 1921년 5월 21일

62. 나가려면 준비해야 합니다
— 상해 교포 신년 축하회 연설 중에서, 1920년 1월 3일

63. 독립전쟁을 가볍게 여기면 안 됩니다
— 상해 교포 신년 축하회 연설 중에서, 1920년 1월 3일

64. 우리는 독립할 가능성이 확실히 있습니다
— 임시정부를 사임한 직후 시국 강연 중에서, 1921년 5월 21일

65. 저들은 거짓으로 세계 평화를 말합니다
— 임시정부를 사임한 직후 시국 강연 중에서, 1921년 5월 21일

66. 강대국들은 진정한 평화를 생각하지 않습니다
— 임시정부를 사임한 직후 시국 강연 중에서, 1921년 5월 21일

67. 일본인들은 침략 사상이 머릿속에 박혀 있습니다
— 임시정부를 사임한 직후 시국 강연 중에서, 1921년 5월 21일

68. 일본을 크게 징계할 날이 올 것입니다
— 임시정부를 사임한 직후 시국 강연 중에서, 1921년 5월 21일

69. 독립국의 열매는 힘이 있어야 열립니다
— 동지들에게 쓴 글 중에서, 1921년 7월 18일

70. 대한 동포는 이렇게 합시다
— 상해 교포 신년 축하회에서 한 연설 중에서, 1920년 1월 3일

71. 진심으로 토론해 주시오
— 교민 친목회 사무소에서 한 연설 중에서, 1919년 6월 25일

72. 집에 돌아가서 시비하지 맙시다
— 상해 교민 친목회 사무소에서 한 연설 중에서, 1919년 6월 25일

73. 각자의 양심과 이성에 따라야 합니다
— 동포에게 고하는 중에서, 1926년

74. 2천만 국민이 다 황제입니다
— 상해 교포들의 신년 축하회에서 한 연설 중에서, 1920년 1월 3일

75. 정부 직원은 국민 전체의 공복입니다
　— 상해 교포 신년 축하회에서 한 연설 중에서, 1920년 1월 3일

76. 국민은 정부 직원을 다루는 법을 알아야 합니다
　— 상해 교포 신년 축하회에서 한 연설 중에서, 1920년 1월 3일

77. 내 주권은 내가 찾아야 합니다
　— 내무 총장에 취임하면서 한 연설 중에서, 1919년 6월 28일

78. 주인다운 주인이 얼마나 될까요?
　— 동포에게 고하는 글 중에서, 1926년 6월

79. 스스로 책임감이 있는 자가 주인이요
　— 동포에게 고하는 글 중에서, 1926년 6월

80. 누가 참 주인입니까
　— 동포에게 고하는 글 중에서, 1926년 6월

81. 국민대표회의 정신과 목적이 무엇입니까?
　— 국민대표회의 정식 개회식에서 하신 환영사 중에서, 1923년 10월 7일

82. 독립운동의 요령은 여섯 가지입니다
　— 정부에서 사퇴하면서 한 연설 중에서, 1921년 5월 12일

83. 군사를 준비해야 합니다
　— 상해 임시정부 내무총장에 취임하면서 한 연설 중에서, 1919년 6월 28일

84. 군사조직을 통일합시다
　— 상해 교포 신년 축하회에서 한 연설 중에서, 1920년 1월 3일

85. 국민 개병주의를 실시해야 합니다
　— 상해 교포 신년 축하회에서 한 연설 중에서, 1920년 1월 3일

86. 사관 양성에 힘써야 합니다
— 정부에서 사퇴하면서 한 연설 중에서, 1921년 5월 12일

87. 전쟁에는 반드시 준비가 필요합니다
— 상해 교포 신년 축하회 한 연설 중에서, 1920년 1월 3일

88. 재정이 통일되어야 안정됩니다
— 교민친목회 사무소에서 한 연설 중에서, 1919년 6월 25일

89. 우리 스스로 세금을 내서 써야 합니다
— 태평양회의 외교후원에 대하여 한 연설 중에서, 1921년 9월 3일

90. 정부에 돈을 꼭꼭 냅시다
— 상해 교포 신년 축하회에서 한 연설 중에서, 1920년 1월 3일

91. 좋은 의견이라면 받아들여야 합니다
— 동포에게 고하는 글 중에서, 1926년 6월

92. 국민 개업주의를 외칩니다
— 상해 교포 신년 축하회에서 한 연설 중에서, 1920년 1월 3일

93. 직업은 광복사업의 원동력입니다
— 상해 교포 신년 축하회에서 한 연설 중에서, 1920년, 1월, 13일

94. 힘이 있어야 노동도 실행할 수 있습니다
— 동지들에게 한 말씀 중에서, 1921년 7월 18일

95. 일이 없을 수 없습니다
— 상해 북경로 예배당에서 독립운동 진행 방침에 대한 연설 중에서,
  1919년 6월 4일

96. 독립운동에도 상과 벌이 있어야 합니다
— 상해 교포 신년 축하회 한 연설 중에서, 1920년 1월 3일

97. 사법제도 확립이 필요합니다
— 상해 교포 신년 축하회에서 한 연설 중에서, 1920년 1월 3일

98. 외교는 정부에게 맡겨 주시오
— 상해 교민 친목회 사무소에서 한 연설 중에서, 1919년 6월 25일

99. 각국의 여론을 움직여야 합니다
— 상해 교포 신년 축하회 한 연설 중에서, 1920년 1월 3일

100. 외교는 독립전쟁을 준비하기 위함입니다
— 상해 교포 신년 축하회에서 한 연설 중에서, 1920년 1월 3일

101. 평등 외교를 해야 합니다
— 상해 교포 신년 축하회에서 한 연설 중에서, 1920년 1월 3일

102. 미국은 우리를 위해 전쟁하지 않습니다
— 흥사단 단우들에게 한 말씀 중에서, 1918년 10월

103. 개병주의와 개납주의를 널리 선전해 주시오
— 민단 주최에서 한 연설 중에서, 1920년 12월 25일

104. 독립운동은 채워 나가는 것입니다
— 정부를 사퇴하면서 한 연설 중에서, 1921년 5월 21일

105. 동양 평화가 있어야 세계 평화가 있습니다
— 내무 총장에 취임하면서 한 연설 중에서, 1919년 6월 28일

106. 나와 의견이 다르다고 미워하지 맙시다
— 공개 연설한 흥사단 입단 문답 중에서, 1920년

107. 독립은 지식의 힘에서 나옵니다
— 상해 교포 신년 축하회 한 연설 중에서, 1920년 1월 3일

108. 우리는 근본이 우수한 민족입니다
― 동포에게 고하는 글 중에서, 1926년 6월

109. 강산이 황폐되면 우리 민족도 약해집니다
― 상해에서 한 연설 중에서, 1919년

110. 대한 민족은 독립하고야 말 민족입니다.
― 상해 북경로 예배당 환영회에서 한 연설 중에서, 1919년 7월 17일

111. 대한 사람을 믿는 날이 올 것입니다
― 동포에게 고하는 글 중에서, 1926년 6월

112. 해외 어린이에게도 교육이 필요합니다
― 상해 교포 신년 축하회에서 한 연설 중에서, 1920년 1월 3일

113. 전문적 학식과 기술이 있어야 합니다.
― 오늘의 학생이란 제목인 글 중에서, 1926년 12월

114. 각각 처지에 따라 배워야 합니다
― 북미 대한인 국민회 중앙총회위원회 연설 중에서, 1919년 3월 13일

115. 활동할 무기를 준비하는 자가 학생입니다
― 오늘의 학생이란 제목의 글 중에서, 1926년 12월

116. 일생에 힘써 할 일은 개조입니다
― 상해 연설에서 한 연설 중에서, 1919년

117. 가장 쉬운 것에서부터 풀어야 합니다
― 상해 연설 한 연설 중에서, 1919년

118. 머리만 크고 꼬리는 짧아지면 안 됩니다
― 상해 흥사단 단소에서 한 연설 중에서, 1921년 7월 1일

119. 속이지 않을 것을 결심합니다
― 내무 총장에 취임하면서 북경로 예배당에서 한 연설 중에서, 1919년 6월 28일

120. 친애하고 동정하는 마음을 갖도록 노력합시다
― 동포에게 고하는 글 중에서, 1926년 6월

121. 남의 개성도 존중해야 합니다
― 동포에게 고하는 글 중에서, 1926년 6월

122. 진실과 정직을 가슴에 모셔야 합니다
― 동포에게 고하는 글 중에서, 1926년 6월

123. 긍휼히 여기는 마음이 필요합니다
― 오늘의 대한 학생이라는 제목의 글 중에서, 1926년 12월

124. 신의와 지식을 가진 사람이 되어야 합니다
― 청년에게 호소함이라는 글 중에서, 1931월 2월

125. 쉬지 말고 나아가면 큰일을 이룰 수 있습니다
― 상해 교민친목회 사무소에서 한 연설 중에서. 1919년 6월 25일

126. 부허는 예외적 행동을 만듭니다
― 동포에게 고하는 글 중에서, 1926년 9월

127. 악한 습관을 개조하여 선한 습관을 만듭시다
― 상해에서 한 연설 중에서, 1919년

128. 목적이 옳다고 믿는다면 낙관할 것입니다
― 동포에게 고하는 글 중에서, 1926년 6월

129. 농담을 이해하고 즐기시오
― 상해 흥사단 단소에서 한 연설 중에서, 1921년 7월 1일

130. 여자도 떳떳한 권리를 가졌습니다
— 대한 애국 부인회에서 한 연설 중에서, 1919년 6월 6일

131. 부인회 여러분을 존경합니다
— 대한 애국 부인회에서 한 연설 중에서, 1919년 6월 6일

132. 여자의 자격을 더 기뻐합니다
— 대한 애국 부인회에서 한 연설 중에서, 1919년 6월 6일

133. 애국 부인회 회원이 되어 주십시오
— 대한 애국 부인회에서 한 연설 중에서, 1919년 6월 6일

134. 인격 훈련과 단결 훈련이 필요합니다
— 청년에게 호소하는 글 중에서, 1931년 2월

135. 동포끼리는 무저항주의를 씁시다
— 동지들에게 주는 글 중에서, 1926년 11월

136. 옳지 못한 습성에서 벗어나야 합니다
— 동포에게 고하는 글 중에서, 1926년 6월

137. 거짓을 버리고 참을 채웁시다
— 동포에게 고하는 글 중에서, 1926년 6월

138. 불평을 측은한 마음으로 돌리면 열정이 생깁니다
— 동포에게 고하는 글 중에서, 1926년 6월

139. 우리는 좀 더 활발히 싸워야 합니다
— 상해청년단 강연에서 하신 말씀 중에서, 1919년 5월 28일

140. 불평은 우리 사회의 큰 위험입니다
— 동포에게 고하는 글 중에서, 1926년 6월

141. 대한 민족을 다시 살려야 합니다
— 대한 학생에게 하신 말씀 중에서, 1926년 12월

142. 인내력을 기르면 성공이 있습니다
— 대한 청년의 용단과 인내력에 대한 글 중에서, 1927년 1월

143. 끝까지 밀고 나아가는 사람이 성공합니다
— 동포에게 고하는 글 중에서, 1926년 6월

144. 자유와 정의를 위해 망설이지 마십시오
— 나의 기원을 설명하는 말씀 중에서, 1920년 1월 13일

145. 민족이 결합해야 성공할 수 있습니다
— 청년에게 호소하는 말씀 중에서, 1931년 2월

146. 다시 나아갈 것을 낙관합시다
— 흥사단 단우회의에서 한 연설 중에서, 1970년 5월

147. 너는 무엇을 하느냐?
— 대한 학생에서 한 말씀 중에서, 1926년 12월

148. 담대하게 일합시다
— 상해청년단에서 한 강연 중에서, 1919년 5월 28일

149. 책임은 내 것이고, 영광은 우리의 것이라 합시다
— 상해 단소에서 한 입단 문답 중에서, 1920년 가을

150. 정이 있는 사회를 만들어야 합입니다
— 동포에게 고하는 글 중에서, 1926년 6월

151. 남녀화합이 있어야 다 잘됩니다
— 동지들에게 주는 글 중에서, 1926년 6월

152. 흥하는 나라는 이전의 잘못을 알고 통회합니다
— 평양 감리교회 집회에서 한 말씀, 1937년 1월

153. 자신이 먼저 책임적 애국자가 됩시다
— 흥사단 단우회의에서 한 연설 중에서, 1926년

154. 기다리지 마시오
— 미국에 있는 부인에게 쓴 편지 중에서, 1910년, 2~3월경

155. 집 생각이 너무 납니다
— 멕시코에서 미국에 있는 부인에게 쓴 편지 중에서, 1918년 4월 23일

156. 병을 무릅쓰고 다녔습니다
— 멕시코에서 홍언 선생님께 쓴 편지 중에서, 1918년 4월 27일

157. 능력이 부족함을 원망합니다
— 북경에서 미국에 있는 부인에게 쓴 편지 중에서, 1926년 9월 21일

158. 생각할수록 죄송한 것뿐입니다
— 상해에서 부인에게 쓴 편지 중에서, 1926년 9월 21일

159. 특별히 슬퍼할 것이 무엇입니까?
— 대전 형무소에서 부인에게 쓴 편지 중에서, 1932년 5월 27일

160. 최고의 진리는 사랑입니다
— 대전 형무소에서 부인에게 쓴 편지 중에서, 1933년 6월 1일

161. 미안하고 미안합니다
— 대전 형무소에서 부인에게 쓴 편지 중에서, 1933년 6월 1일

162. 옥에서 숨이 멈춰도 한할 것이 없습니다
— 대전 형무소에서 부인에게 쓴 편지 중에서, 1933년 6월 1일

163. 정을 억제하는 것이 낫지 않을까 합니다
— 송태산장에서 부인에게 쓴 편지 중에서, 1936년 8월 7일

164. 어려운 것을 잘 견디는 연습을 하여라
— 홍콩에서 아들 필립에게 쓴 편지 중에서, 1920년 8월 3일

165. 좋은 책을 읽어라
— 홍콩에서 아들 필립에게 쓴 편지 중에서, 1920년 8월 3일

166. 아름다움을 사랑하여라
— 딸에게 쓴 편지 중에서, 1925년 10월 1일

167. 더욱 뜨거워지기를 힘씁시다
— 동지들에게 보낸 공개 편지글 중에서, 1921년 7월 18일

168. 신용 자본과 지식 자본을 저축합시다
— 동지들에게 보낸 공개 편지글 중에서, 1921년 7월 18일

169. 붙들고 끝까지 나가려 합니다
— 동지들에게 보낸 공개 편지글 중에서, 1921년 7월 18일

170. 국가와 민족을 중심으로 합시다
— 동지들에게 보낸 공개 편지글 중에서, 1921년 7월 18일

171. 힘이 없음을 한탄하지 맙시다
— 동지들에게 보낸 공개 편지글 중에서, 1921년 7월 18일